猫がよろこぶ手作りグッズ

西イズミ：著
五十嵐健太：写真

もくじ

Chapter.1 身につけるもの

首輪 p8

Chapter.2 寝る

ニャンボールハウス p20

布ベッド p22

テント p32

ニャンモック p38

Chapter.3 遊ぶ

キャットタワー p48

ニャンバス p52

ねこじゃらし p54

にゃんかある〜

迷子札 p16

カゴベッド p28

ふとん＆枕 p30

こたつ p31

ソファ p40

抱っこ袋 p42

ころころボール p56

けりぐるみ p59

箱おもちゃ p60

Chapter.4 ごはんと身だしなみ

ごはん台　p64

おやつボール　p66

つめとぎ　p68

Chapter.5 移動とケア

ねこバッグ　p72

エリザベスカラー　p74

How to Make 作り方　p77

でき上がりサイズについて
本書に掲載したサンプル作品のサイズを記載していますが、できるだけおうちの猫に合わせたものを作っていただくため、あくまでも目安としてお考えください。

材料について
ぬいしろ・のりしろ、またはゆとりが欲しいものについては大きめにサイズを表記してありますが、それ以外については実寸で表記しています。材料も厳密な指定ではありません。身近にあって、作りやすいもの、猫に快適なものを第一に、素材やサイズを選んでみてください。

撮影に協力してくれたお店

この本にモデルとして登場してくれたのは、
保護猫カフェで家族を探している猫たちです。（一部飼い猫も登場しています。）

保護猫カフェ ねこかつ

【住所】川越市新富町1-17-6　3F
【営業時間】12時〜20時
【定休日】月曜日（月曜日が祝祭日の場合は営業）
【アクセス】西武新宿線「本川越駅」より徒歩約2分
JR「川越駅」より徒歩約10分
クレアモール商店街の中、
1階は居酒屋『笑笑』さんになります。
【HP】http://www.nekokatsu.info/index.html

カフェブラン

【住所】神奈川県横浜市青葉区荏田町1150-40
白亜館2階
【営業時間】11時〜20時（L.O.19時）
【定休日】月曜日・木曜日
【アクセス】東急田園都市線「江田駅」から徒歩12分
横浜市営地下鉄「センター南」からバス「富士塚」
または「荏田高校前」バス停から徒歩3分
【HP】http://www.neko-cafe.info/

※各店とも定休日が祝日の場合は営業、翌日休業。
※臨時休業する場合もありますので、お出かけ前にHP等にてご確認ください。

Chapter.1
身につける
もの

首輪

市販の首輪は嫌がる、サイズが合わない、可愛いのがない…
そんな悩みも、手作り首輪なら大丈夫。
手軽にできるので、いろいろ作ってみて
「うちのコ」に一番似合う首輪を見つけてください!

ハンカチ首輪

作り方 12p

シュシュ首輪

作り方 78p

リボン首輪

作り方 79p

ゴムテープ首輪

作り方 80p

コースター首輪 作り方 **14p**

Chapter.1 身につけるもの

どうにゃ

ハンカチ首輪の作り方

できあがりサイズ
猫の首まわり+2cm

(材料) 50×50cmぐらいのハンカチ（バンダナ）
平ゴム

写真 8p

1 ハンカチをひろげ、対角線上で約5cm幅に裁断します。

2 両辺を約5mm折ってアイロンをかけます。

半分に折って

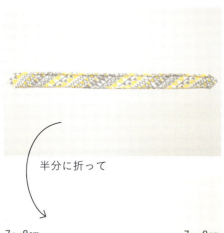

7〜8cm　　　7〜8cm

3 両端をそれぞれ7〜8cm残して縫い合わせます。

How to make

ゴムを通します。

ゴムの長さを調整して
結びます。

ゴムの結び目が
隠れるように
ハンカチの両端を結び、
形を整えたら完成です。

コースター首輪の作り方

でき上がりサイズ
猫の首まわり＋2cm

（ 材料 ）　端切れ2枚（10cm程度の正方形）
　　　　　あるいは市販の布製コースター、市販の首輪

写真 10p

1

端切れ2枚の
角を切ります。

2

縫い代を
裏側に折ります。

3

2枚を縫い合わせ、
コースターにします。

裏　　表

Chapter.1　身につけるもの

How to make

4

コースターを対角線で
半分に折り
(少しずらしても可愛い)、
首輪を挟んで
縫いとめます。

5

反対側も縫いとめたら
完成です。

ちょこっと縫う

端切れと接着剤があれば縫わなくてもできます

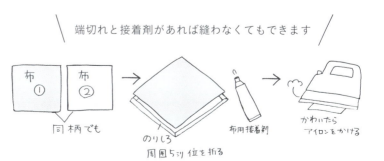

迷子札

うちのコが万が一迷子になった時のための「お守り」です。
なるべく猫の負担にならないよう、
軽い素材のものを集めました。

迷子札A  作り方 **81-82p**

迷子札B

作り方 **83p**

迷子札C

作り方 **84p**

Chapter.2
寝る

ニャンボールハウス

猫なら思わず入ってしまう段ボール箱。
猫は楽しそうだけど、見た目がなあ…。
そんな時は、ちょこっとアレンジで
かわいいニャンボールハウスに変身させましょう。

ニャンボールハウス
作り方 **86p**

布ベッド

その名のとおり1日の大半を寝て過ごす猫様に、
ふかふかの手作りベッドをプレゼントしましょう。
市販のクッションを組み合わせたり、丸い寝姿をかたどってみたり…
あっという間に作れるものばかりです。

布ベッドA
作り方 **24p**

布ベッドAの作り方

>[でき上がりサイズ]
>38cm四方×高19cm

(**材料**) 38cm四方のクッション５個
（囲い用４つ、底部用１つ）

写真 **22p**

1

クッションを４つ並べ、
柄が内側になるように
順々に縫い合わせます。

2

四角い形に
縫い合わさったら
内側の柄が
表に出るように、
半分折り返します。

How to make

底部になるクッションの
上に2をのせ、
何カ所か縫い合わせて
固定します。

4すみだけでもOK

底用

完成です。

布ベッドB

作り方 **87p**

ぴったり

布ベッドC

 作り方 **88p**

カゴベッド

とくに暑い季節、猫に大人気のカゴベッド。
市販のものを組み合わせるだけでも、
猫に快適な寝床を作ることができます。

カゴベッドA
作り方 **89p**

カップケーキベッド
作り方 **90p**

カゴベッドB
作り方 **89p**

くるしゅうにゃい

ふとん&枕

座布団やクッションも、
お布団風のこんなカバーを付けるだけでかわいさ倍増です。
枕に頭をのせ、人間のように布団で寝る姿も見られるかも？

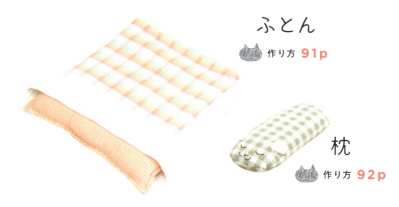

ふとん 作り方 **91p**

枕 作り方 **92p**

うと
うと…

こたつ

カゴと毛布を組み合わせれば、
あたたか猫用こたつのできあがりです。
寒い日の定番の寝床になること必至。

こたつ
作り方 **93p**

テント

五角形のマットを敷いて布でおおったテントは、
まるで猫ホイホイ。
布地を挟んで遊んだり、
ひとり落ち着く場所でくつろぎたい時にも最適。

テントA
作り方 **34p**

テントＡの作り方

でき上がりサイズ
54×58×高75cm

（ 材料 ） 長さ約80cmの木の棒5本、
ジョイントマット57cm×33cmを2枚、
輪ゴム5個、ヒモ、バスタオル、造花など

写真 **32p**

1
5本の棒を束ねて
ヒモで結び、
反対の先端にそれぞれ
輪ゴムを付けます。

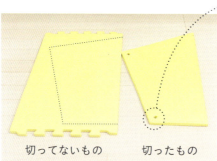

切ってないもの　　切ったもの

2
マットを切って、
2枚を粘着テープで
つなげて5角形にし、
それぞれの角に穴を
あけます。

3
棒の先端を
マットの穴に入れて
骨組みを作ります。
（輪ゴムを巻くと外れ
にくいです。）

How to make

4

タオルの中央に
輪にしたヒモを
付けます。

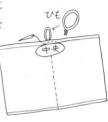

5

タオルのヒモを立てか
けた棒に通します。

飾りをつけても

6

タオルの形を
整えて、完成です。

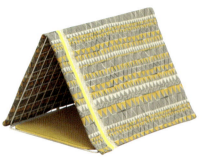

テントB 作り方 **94p**

テントB 作り方 **95p**

ニャンモック

猫が大好きなハンモックも、
ジョイントパイプで手軽に作れます。
移動も軽々なので、
猫が落ち着く場所に置いてあげてください。

ニャンモック
作り方 **96p**

ソファ

「猫をダメにするソファ」を集めました。
思わぬ快適さに、猫と人間で奪い合いになるかも…

スクエアソファ
作り方 **98p**

豆ソファ
作り方 **99p**

ドーナツソファ
作り方 **100p**

抱っこ袋

抱っこが大好きなうちのコ♪
幸せだけど、動けないのは辛い…という飼い主さんの救世主。
包まれる感覚、飼い主のぬくもりに猫も大満足です。

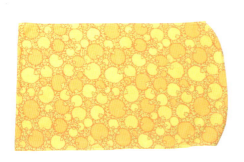

スリング
作り方 **44p**

抱っこバッグ
作り方 **101p**

スリングの作り方

でき上がりサイズ
44×83cm
5kg前後の成猫を想定

（ 材料 ）　綿（ハリのある伸縮性のないもの。
　　　　　シーチング、コットンキャンバスなど）
　　　　　47×170cm

写真 42p

1 布を裏返し、端を三つ折りしてミシンをかけます。

2 横半分に折ります。

3 さらに縦半分に折ります。

How to Make

さらに縦半分に折ったら、
丸くカーブを付けるように
カットします。

縦に開いて、
カーブの部分を縫います。

表に返して完成です。

Chapter.3
遊ぶ

キャットタワー

段ボールを好きに組み合わせて、ポールと板と麻ひもで…
意外と丈夫で猫も楽しめる、
キャットタワーを手作りしてみませんか？

ニャンボールタワー

作り方 **103p**

わくわく♪

ポールタワー

作り方 **104p**

ニャンバス

箱大好きな猫のために、手作りバスをプレゼント。
猫もわくわく、見ているこっちも
思わずほっこりのニャンバスです。

左　　　　右

ニャンバス
 作り方 **106p**

ねこじゃらし

せっかく買った猫じゃらしも、
楽しいあまり一瞬で壊されることも。
そんな時は、なくなった棒の先に手作りじゃらしをくっつけて。
色々ためして、うちのコのお気に入りを見つけましょう。

ねこじゃらしA
作り方 **107p**

ねこじゃらしB
作り方 **108p**

ねこじゃらしC
作り方 **109p**

ねこじゃらしD
作り方 **110p**

ころころボール

猫が大好きな転がるおもちゃ。
ヒモ、羊毛、軍手、クリアファイルなど…
身近なものですぐに作れるものばかりです。

ころころボールA
作り方 **111p**

ころころボールB
作り方 **111p**

ころころボールC
作り方 **112p**

ころころボールD

作り方 **113p**

まてまてー

けりぐるみ

抱きついたり、けりけりしたり、枕にしたり…
猫が大好きなけりぐるみも簡単に手作りしましょう。

けりぐるみ
作り方 **114p**

箱おもちゃ

穴あきチーズのような箱の中には、ボールがころころ…
「なんニャ？ これなんニャ？？」
猫は思わず手を突っ込まずにはいられません。

箱おもちゃ
作り方 **115p**

Chapter.4
ごはんと身だしなみ

ごはん台

猫が食べやすいよう、
少し高さのあるご飯台を作りましょう。
色んな素材の100均グッズであっという間にできちゃいます！

ごはん台
 作り方 **116p**

おやつボール

いつもと同じおやつやカリカリに
マンネリ気味の猫ちゃんに。
ころころすると美味しいおやつが出てくるおもちゃに、
きっとうちのコも夢中になるはず。

おやつボール
作り方 **117p**

つめとぎ

古くなった爪とぎや布マットなどを使って、新しい爪とぎに！
いつもとちがう形や感触に、
猫たちも興味津々でバリバリしてくれます。

つめとぎA
 作り方 **118p**

つめとぎB
作り方 **119p**

つめとぎC
作り方 **120p**

Chapter.5
移動とケア

ねこバッグ

キャリーを嫌がる猫ちゃんの場合、
ちょっとのお出かけにはこんな肩掛けバッグでも。
飼い主の体温が伝わるので、猫も安心です。

ねこバッグ
作り方 **121p**

意外と落ち着きます…

エリザベスカラー

病気やケガをした時、傷を守るために仕方なく付けるものだからこそ、
なるべく負担が少ないものを使いたいですね。
（猫の症状によって、素材や使用法は医師に相談の上、慎重に行ってください。）

裏

エリザベスカラーA
作り方 **122p**

エリザベスカラーB
作り方 **123p**

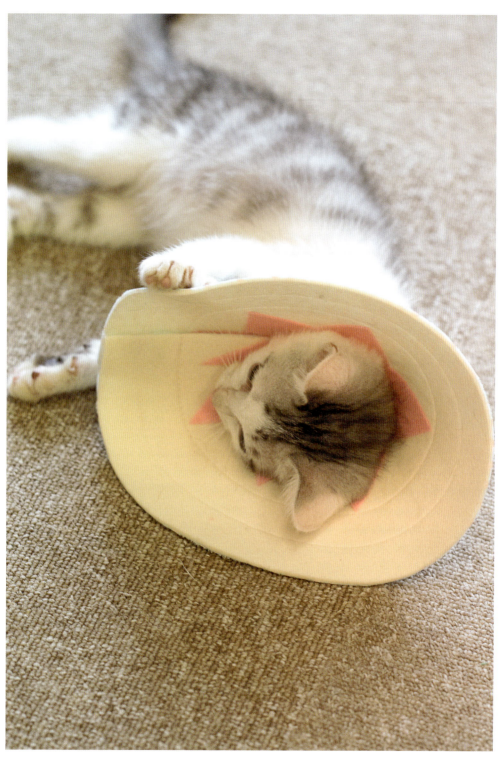

Chapter.5 移動とケア

How to make
作り方

でき上がりサイズについて
本書に掲載したサンプル作品のサイズを記載していますが、できるだけおうちの猫に合わせたものを作っていただくため、あくまでも目安としてお考えください。

材料について
ぬいしろ・のりしろ、またはゆとりが欲しいものについては大きめにサイズを表記してありますが、それ以外については実寸で表記しています。材料も厳密なものではありません。身近にあって、作りやすいもの、猫に快適なものを第一に素材やサイズを選んでみてください。

シュシュ首輪の作り方

でき上がりサイズ
猫の首まわり＋2cm

※p78〜80の首輪については、必ず実際に猫の首まわりをはかり、ゆとりやぬいしろを足した数値を元に作ってください。

写真 **8p**

（ 材料 ）　布8×40cm、平ゴム（幅0.8cm）

1　布を8×40cmに裁ちます。

2　約1cmずつ上下左右を折返し、中心で半分に折ります。

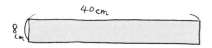

3　端にミシンをかけます。

4　ゴムを通して結び、両端をまつり縫いでとじて完成です。

リボン首輪の作り方

> でき上がりサイズ
> 猫の首まわり+2cm

(材料)　バイアステープ（幅1.1cm）、
　　　　　丸カン（1cm）1個、
　　　　　面ファスナー（アイロン接着用）

写真 **8p**

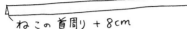

1 バイアステープを愛猫の
サイズ（首回り＋8cm）
に切ります。

2 長い辺の開いているほうを
縫ったら、
両端を0.5cm折り返して
接着剤で貼ります。

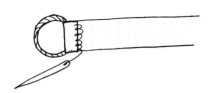
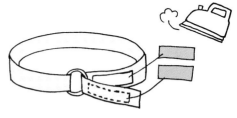

3 片方の端を丸カンに通し、
縫いとめます。

4 もう片方の端も丸カンに
通し、アイロンで
面ファスナーを付けたら
完成です。

ボタンなどを付けても！

ゴムテープ首輪の作り方

でき上がりサイズ
猫の首まわり+2cm

（材料）カラーの平ゴム（幅1.1cm）、
　　　　ポンポンやバックルなど

写真 **8p**

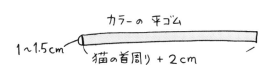

1 平ゴムを愛猫のサイズ
（首回り＋2cm）に
切ります。

2 輪にして
縫いとめます。

3 ポンポンやバックルで
飾って完成です。

迷子札A(布・丸型)の作り方

でき上がりサイズ
直径3cm

(　材料　)　はぎれ5×5cmを2枚、厚紙5×5cm、
綿、アイロン用ラベル、丸カン(0.5cm)１個

写真 16p
型紙 124p

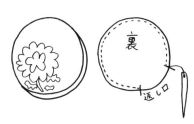

1 はぎれの柄や色を生かして丸く切り、返し口を残して中表に合わせて縫います。

2 表に返し、連絡先を書いたラベルを付けます。

3 厚紙を入れて裏側になる面を平らにし、綿をつめて返し口をまつり縫いでとじます。

4 金具を付けて完成です。

迷子札A(布・リボン型)の作り方

でき上がりサイズ
3×5cm

（ 材料 ） はぎれ5×7cmを2枚、綿、
アイロン用ラベル、丸カン(0.5cm) 1個

写真 16p
型紙 124p

1 裁断した布を中表に合わせて、返し口を残して縫い合わせます。

2 表に返してアイロンラベルを付けます。

3 綿を詰めて返し口をまつり縫いでとじ、形を整えます。

4 刺繍糸を中央に巻き付けて結び、金具を付けて完成です。

迷子札B（フェルト）の作り方

でき上がりサイズ
3.5×5cm

材料 厚手のフェルト3×2cm、革はぎれ2×3.5cm、合皮はぎれ3×2cm、アイロン用ラベル、丸カン（0.5cm）1個

写真 16p

型紙 124p

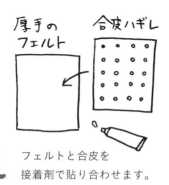

1 フェルトと合皮を接着剤で貼り合わせます。

2 フェルトの面に名前を書いたアイロンラベルを付けます。

3 三角の革二枚でフェルト・合皮の上5㎜を挟み、貼り合わせて家の形にします。

4 パンチなどで穴を開け（あればハトメを付け）、金具を通して完成です。

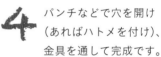

迷子札C（プラ板）の作り方

でき上がりサイズ
1.8×3.5cm

（ 材料 ） プラスチック板 10×15cm、穴あけパンチ、
丸カン（0.8cm）2個、クレヨン・色鉛筆など

写真 16p

型紙 124p

1 プラ板を好きな形にハサミで切ります。※焼成すると縮むので、でき上がりより4倍大きくします。

2 金具を通す穴をパンチであけます。

3 裏面にクレヨンなどで色を付けます。

4 表には油性マーカーで連絡先を書きます。

トースターやオーブンを余熱して、
オーブンシートの上にプラ板をのせて焼成します。
※パッケージに記載されている温度や時間を参考にすること。
※作品は160度で1分焼成。

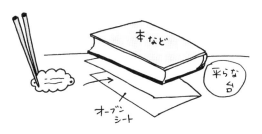

箸でつまんであらかじめ2つに折ったオーブンシートに挟み、重石をのせて冷まします。

金具を付けて完成です。

ニャンボールハウスの作り方

でき上がりサイズ
37×37×高38cm

（ 材料 ） 段ボール37×37×高40cm程度、好みの色画用紙・布・ペーパーナプキン・マスキングテープなど

写真 20p

1 手前と奥の面のフタ部分を切り取ります。

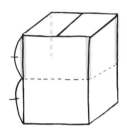

2 4隅をすべて半分の高さまで切ります。

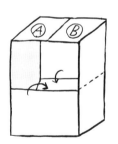

3 手前と奥の面は半分の高さ（点線の位置）で内側に折り込みます。

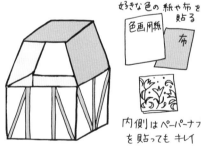

4 色画用紙などを貼ってからAとBを重ねて貼り合わせ、屋根にします。壁もマスキングテープや紙、布で飾り、完成です。

好きな色の紙や布を貼る
色画用紙
布
内側はペーパーナプキンを貼ってもキレイ

布ベッドBの作り方

でき上がりサイズ
直径33cm

（ 材料 ）布50×50cm程度、綿

写真 26p

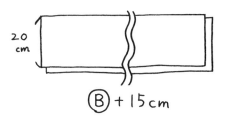

1 愛猫が丸くなった大きさと同じぐらいの底用の丸いクッションを作り、直径（A）をはかります（A×3.14＝B）。

2 フチ用に、布を縦20cm×横（B＋15）cmに裁ち、返し口を残して中表に縫い合わせます。

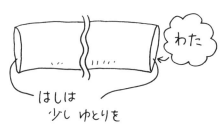

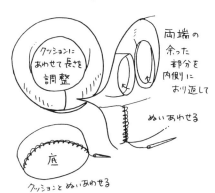

3 フチに綿を詰めます。長さを調整できるよう両端ギリギリまで綿を詰めないようにしましょう。

4 フチを底用クッションの周囲に沿わせて長さが決まったら両端を縫い合わせ、底用クッションと縫い合わせて完成です。

布ベッドCの作り方

> でき上がりサイズ
> 45×43×高12cm

(材料) 四角いクッション40×40cm、
厚手のバスタオル1枚、平ゴム5個、
ボタン5個、リボンやタッセルなど

写真 **27p**

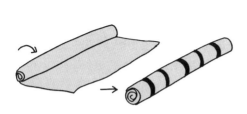

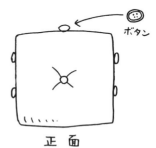

1 バスタオルをくるくる巻いて、5カ所に同色の平ゴムでとめます。

2 クッションの5カ所にボタンを付けます。

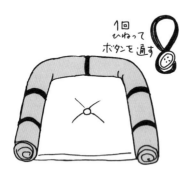

3 バスタオルについたゴムにボタンを通してとめます。

4 両端にリボンを結び、タッセルなどを飾って完成です。

カゴベッドAの作り方

でき上がりサイズ
44×28×高32cm

(材料) 取っ手付きのカゴ44×28×高32cm、布（タオルなど）、大判（50×50cmぐらい）のハンカチなど、洗濯バサミ

写真 28p

1 取っ手付きのカゴの中に古布を敷きます。

2 大判のハンカチを取っ手に折り込み、洗濯バサミでとめたら完成です。

カゴベッドBの作り方

でき上がりサイズ
直径44×高29cm

(材料) 大きめのザル（直径44cm）、園芸用の植木鉢スタンド

写真 28p

1 植木鉢スタンドにザルをのせて完成です。

カップケーキベッドの作り方

でき上がりサイズ
直径40×高30cm

(　材料　) 洗濯カゴ(直径40×高30cm)、
布(大クッション用41×41cm、小クッション用20×20cm)、
綿、古布(タオルなど)、リボンやレースなど

写真 28p

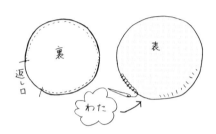

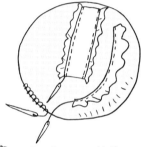

1 カゴに入るぐらいの大きさの丸いクッションを作ります。(クッションは市販品でもOKです。)

2 クッションにリボン、レースなど飾りを縫い付けます。

3 別の布で、枕用の小さいクッションを作ります。

4 カゴに、古布→大きいクッション→小さいクッションの順に入れて完成です。

ふとん&枕
ふとんの作り方

でき上がりサイズ
50×40cm

(材料) 市販の座布団42×42cm、
布100×110cm、柄布38×30cm、レース50cm

写真 **30p**

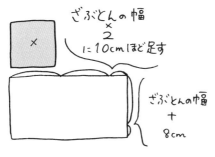

1 布団カバーは、縦（座布団の幅＋8cm）×横（座布団の幅×2＋10cm）に布を裁ちます。

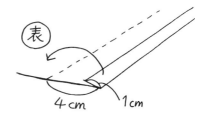

2 1cm折り、さらに4cm折ってアイロンをかけたら、端をミシンで縫います。

3 中表に合わせて2辺を縫い、表に返します。

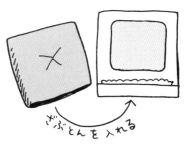

4 上になる側に柄布やレースを付けて飾り、座布団を入れたら完成です。

ふとん&枕
枕の作り方

> でき上がりサイズ
> 12×28cm

(材料) 布14×30cm、ペレット、軍手

写真 **30p**

型紙 **125p**

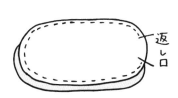

1 布を楕円形に裁ち、中表にして返し口をのぞく端を縫います。

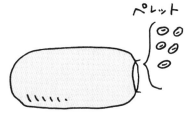

2 表に返してペレットを詰め（くたっとする感じになるようパンパンには入れないのがポイント）、縫い閉じます。

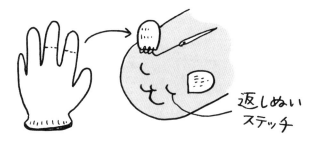

3 軍手の指先を切って耳にして縫い付け、顔を刺繍して（布用ペンで描いてもOK）完成です。

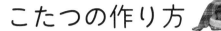

こたつの作り方

> でき上がりサイズ
> 首 35 × 44 × 高 33cm

(材料)　深いカゴ (33 × 44 × 高 26cm)、
　　　　浅いカゴ (35 × 35 × 高 12cm)、
　　　　フリースブランケット 2 枚、ボアなど

> 写真 31p

1　深さの違うカゴを 2 つ用意します。

2　深いカゴを倒し、浅いカゴを引き出しのように入れます。

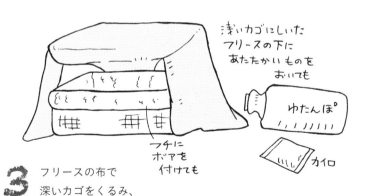

浅いカゴにしいたフリースの下にあたたかいものをおいても

ゆたんぽ

カイロ

フチにボアを付けても

3　フリースの布で深いカゴをくるみ、浅いカゴにもフリースを敷いたら完成です。

テントBの作り方

> でき上がりサイズ
> 50×37×高32cm

（材料） プラスチックネット37×48cmを3枚、結束バンド6個、キッチン用マット34×50cm、布78×50cm

> 写真 **36p**

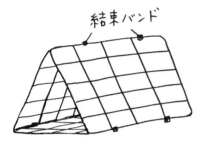

1 3枚のネットを三角になるように結束バンドで固定します（各辺2カ所）。

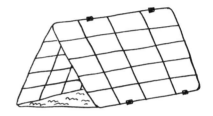

2 底にキッチン用マットを敷きます。

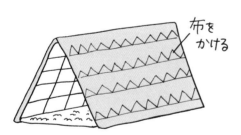

3 布をかけて完成です。

テントCの作り方

でき上がりサイズ
43×43×高26cm

(材料) フードカバー43×43×高26cm、
バイアステープ（幅1.1cm）60cm程度

写真 37p

1 フードカバーを広げ、はさみで愛猫が入れる大きさの穴をあけます。

2 ほつれないよう穴の周囲に布用接着剤でバイアステープを貼り付け、乾かしたら完成です。

ニャンモックの作り方

でき上がりサイズ
2cm四方×高35m

(材料) 長いパイプ（直径3cm）45cm×4本、
短いパイプ（直径3cm）30cm×4本、カバー4個、
ジョイント4個、厚手の布65×55cmを2枚、
キャンバス地テープ（幅3cm）90cm×2本、Dカン（3.5cm）4個、ヒモ

写真 38p

1 イレクターの部品を用意します。

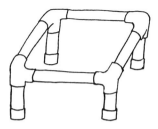

2 これらを上記のように組み合わせます。

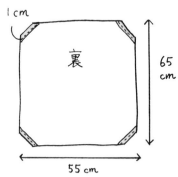

3 厚手の布を図のサイズに2枚裁ち、四隅を1cm折り返して縫います。

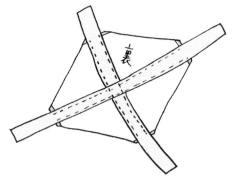

4 布の1枚にテープをクロス状に縫い付けます。（端は5〜6cm余らせます。）

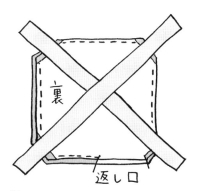

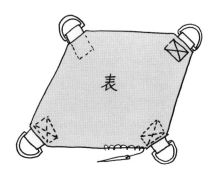

 中表に合わせ、返し口を残して点線部分を縫います。

 表に返し、テープにDカンを通してから内側に入れ、四隅を縫いとじます。

 Dカンにヒモを通してパイプに結び付けて完成です。

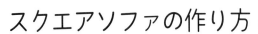

スクエアソファの作り方

でき上がりサイズ
38×45×高15cm

（ 材料 ）布120×130cm、パイプ材（パイプ枕の中身でもOK）

写真 **40p**

1 縦57cm×横62cmに布を2枚裁ちます。

2 返し口を残して中表に四辺を縫い合わせます。

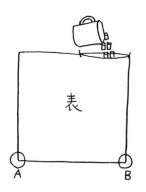

3 表に返し、パイプ材を入れて返し口を縫いとじます。

4 AとBの角をつまんで中央で縫い合わせ（反対側も同様に）、完成です。

豆ソファの作り方

> でき上がりサイズ
> 50×70×高7cm

(材料) 緑の布60×80cm、パイプ材

写真 **41p**

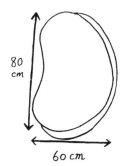

1 緑の布を豆の形に2枚裁ちます。

2 中表にし、返し口を大きめに残して縫い合わせます。

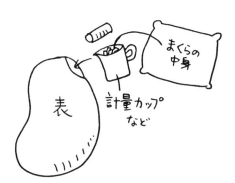

3 表に返し、ストロー材を入れます。

4 返し口を縫いとじて完成です。

ドーナツソファの作り方

でき上がりサイズ
直径40cm

（ 材料 ） 市販のドーナツクッション（直径40cm）、
茶色のフリース、面ファスナー

写真 **40p**

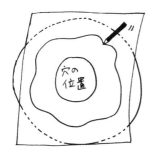

1 ドーナツクッションに紙（あればトレーシングペーパー）をのせ、穴の位置とチョコレート模様を描いて型紙をつくります。

2 型紙通りに茶色のフリースを2枚裁ち、返し口を残して縫い合わせます。

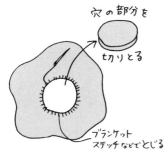

3 表に返して返し口を縫いとじ、穴の部分も切り取ったらブランケットステッチなどで2穴の周囲を2枚一緒にかがります。

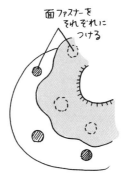

4 ドーナツクッションとフリースを面ファスナーで付けたら完成です。

抱っこバッグの作り方

でき上がりサイズ
36×50cm
※持ち手は含みません

(材料) 布105×76cm、リング（直径5cm）2個、
ヒモ用布36×57cm

写真 **42p**

型紙 **126p**

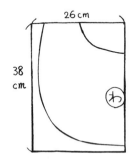

1 布を図の通りに2枚裁ちます。

2 ぬいしろ部分を1cm折返し、端にミシンをかけます。

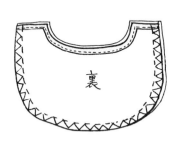

3 中表にして底を縫い合わせ、ぬいしろにジグザグミシンをかけてから表に返します。

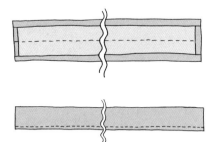

4 （長いヒモ）9cm×57cmの布を上下1cm折り返して半分に折り、端にミシンをかけます。これを2本作ります。
（短いヒモ）9cm×45cmでも同様に2本作ります。

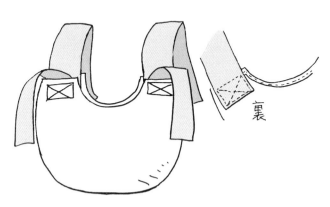

 手前に短いヒモ、
奥に長いヒモを縫いつけます。

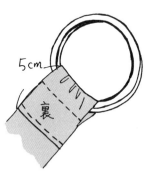

 長いヒモにリングを通し、
リングから5cmのところで
1cm折返してミシンをか
け、次にリングから1.5cm
ぐらいのところにもミシンを
かけます。

7 短いヒモもリングに通し
て、長さを調節できるよう
になったら完成です。

ニャンボールタワーの作り方

> でき上がりサイズ
> 70×43×高92cm

（材料）　大きさの違う段ボール箱×4〜5個、模造紙、
ラッピングペーパー、マスキングテープなど

写真 **48p**

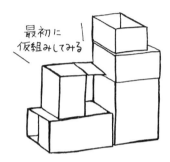

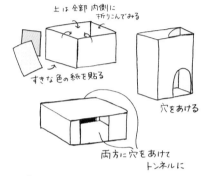

1 大小さまざまな大きさの段ボール箱を集めて並べます。

2 フタを内側に折り込んでみたり、穴をあけてみたり、両側に穴をあけてトンネル状にしたり…組み合わせる場所を想定しながら、加工してみましょう。好きな色の紙を貼ると楽しいです。

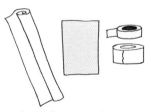

3 箱の位置が決まったら、それぞれを接着剤や両面テープでしっかり貼り合わせます。

4 仕上げにラッピングペーパーやマスキングテープなどで飾って完成です。

ポールタワーの作り方

でき上がりサイズ
41×30×高103cm

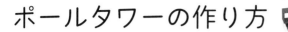

（ 材料 ）ワイン箱41×30×高14cm、水道管用パイプ（直径10cm）100cm、板（底用39×28cm 1枚、ステップ用25×25cm 2枚、天板31×25cm 1枚）、L字金具7個、ネジ42本、園芸用麻テープ（幅11.5cm）10m50cm、木箱30×18×20cm

写真 **50p**

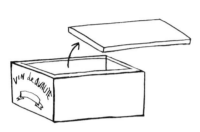

1 ワイン箱の底部のサイズに合わせて板を切ります。

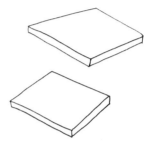

2 ステップ用の板を切ります（ホームセンターなどでサイズ通りに切ってもらえます）。

3 L字金具の位置を決め、パイプと底板に印を付けます。

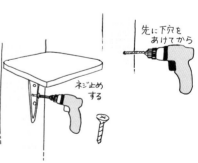

4 まずパイプと底板の両方の印の位置に下穴をあけてからネジ止めします。

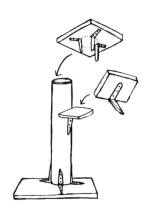
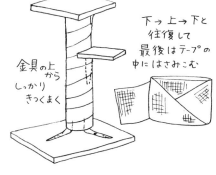

 パイプと底板を取り付けて安定したら、同様にステップや天板も取り付けます。

 園芸用麻テープをパイプにきつく巻き付け、固定します。

 底板とワイン箱を木工用接着剤で貼り付けます。

 ステップ用に木箱を取り付けて、完成です。

ニャンバスの作り方

[でき上がりサイズ]
32×45×高23cm

(材料)　段ボール箱32×45×高23cm程度、
　　　　　マスキングテープ・色画用紙など

写真 **52p**

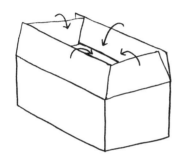

1 上部のフタを内側に折り込みます。

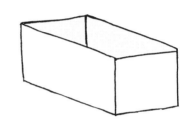

2 両面テープや接着剤で固定します。

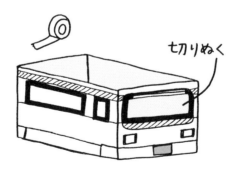

切りぬく

3 窓を切り抜き、マスキングテープで縁取ります。下半分に色画用紙を貼ったり、マスキングテープでラインを入れたら完成です。

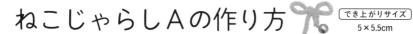

ねこじゃらしAの作り方

できあがりサイズ
5×5.5cm

（材料） モール約35cm、鈴など

写真 **54p**

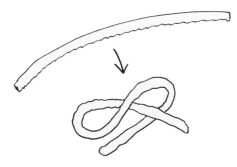

1 モールをリボン型に曲げます。

2 中心を2～3回ねじります。

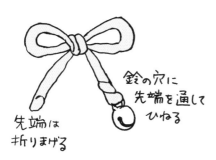

先端は折りまげる

鈴の穴に先端を通してひねる

3 片方に鈴を付けたら完成です。

ねこじゃらしBの作り方

でき上がりサイズ
7cm

(材料)　ヒモ（リボン、ナイロンテープ、毛糸、麻ヒモなど）
　　　　　330cm程度

写真 **54p**

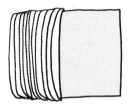

20回くらい

1 厚紙などにヒモを巻きつけます。

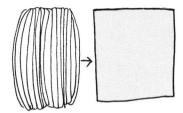

2 厚紙をそっと抜きます。

同じ
ひもで
しばる

3 別にカットしたヒモできつくしばります。

4 下をはさみで切りそろえたら、完成です。

ねこじゃらしCの作り方

でき上がりサイズ 6.5cm

（ 材料 ）　ヒモ25cm程度、木のビーズ（穴あき）3個

写真 **54p**

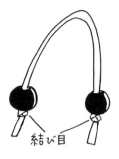

1 ヒモに木のビーズを通し、結び目を作ってとめます。

2 上部にも結び目を作ります。

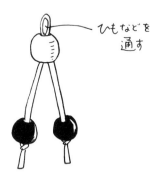

3 ビーズなどをかぶせて、上部の結び目をかくして完成です。

ねこじゃらしDの作り方

でき上がりサイズ
6cm

(材料) 厚紙（アイスの棒でも）1×5cm、カラーテープ、
ダブルクリップ1個

写真 **54p**

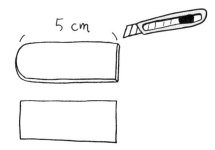

1 厚紙やアイスの棒などを
5cmに切ります。

2 メタリックなテープを
貼りつけます。

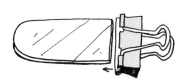

3 ダブルクリップで
はさみます。

4 ダブルクリップの
持ち手にヒモなどを
通して完成です。

ころころボールAの作り方

でき上がりサイズ
直径4cm

(材料)　麻ヒモ、ハギレ（フリースやTシャツ、
　　　　　タイツ、ストッキングなど）

写真 56p

1 ハギレを丸めたものに、麻ヒモをきつく巻いていきます。

2 最後は麻ヒモをギュッと結んで完成です。

ころころボールBの作り方

でき上がりサイズ
直径4.5cm

(材料)　クリアファイル

写真 56p

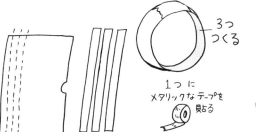

1 クリアファイルを切って、1cm×10cmの短冊を3本作ります。

2 丸くなるように重ね、上下をホチキスで止めて完成です。

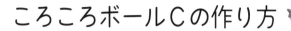

ころころボールCの作り方

でき上がりサイズ
鳥 4×3cm
魚 2.5×6cm

（材料）軍手、フェルト（鳥の体用：黄色6×5cm 2枚、魚の目用：黒1×1cm）、ぬいぐるみ用の目2個、輪ゴム1個、綿

写真 **56p**

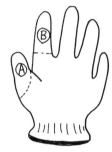

1 軍手の指を切ります。

2 （Ⓐ鳥）綿をつめて縫いとじ、フェルトで作った口とぬいぐるみ用の目を付けて完成です。

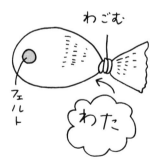

3 （Ⓑ魚）綿をつめて尾びれのところで輪ゴムでくくり、フェルトで目を付けて完成です。

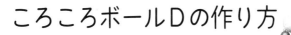

ころころボールDの作り方

でき上がりサイズ
直径3cm
つながっているもの長さ8.5cm

（材料） 羊毛フェルト、鈴や毛糸・ぬいぐるみの目など

写真 57p

1 羊毛フェルトを石鹸水でしめらせます。※しめらせると小さくなります。

2 手のひらで転がして、ボールの形にします。

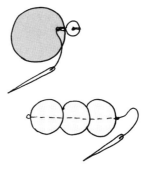

3 形が整ったら2〜3回水ですすぎ、タオルで水気をとって、よく乾かします。

4 鈴や毛糸、目を付けたり、いくつかつなげたりして完成です。

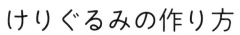

けりぐるみの作り方

> でき上がりサイズ
> 7×22cm

(材料) 布9×24cmを2枚、綿ロープ（2色）各60cm、綿、ボタン2個

写真 59p

型紙127p

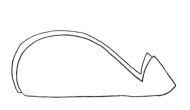

1 布をくじらの形に2枚裁ちます。

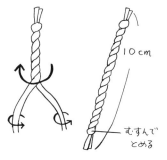

2 綿ロープを2つ編みにしたものを3本作ります。

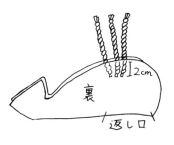

3 布を中表に合わせ、編みヒモをはさんで周囲を縫います（返し口を残す）。

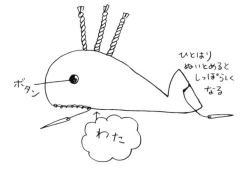

4 表に返し、綿をつめたら縫いとじ、ボタンの目を付けたら完成です。

114　How to Make

箱おもちゃの作り方

でき上がりサイズ
三角：32×27×高13cm
四角：28×15×高10cm

(材料) 箱各種（靴箱など）、色画用紙、マスキングテープ、ボール（ピンポン玉など）

写真 60p

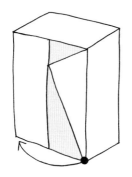

1 図のように斜線部分を切り抜き、●の点を角に合わせて三角にします。

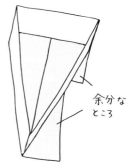

余分なところ

2 上下をひっくり返し、余分なところを切ります。

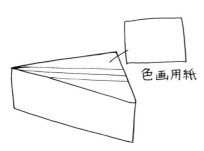

色画用紙

3 上下をテープで貼り、三角形の箱にして色画用紙などを貼って飾り付けます。

ダンボール用のカッター

4 カッターなどで穴をあけ、中にボールを入れて完成です。

※ここでは三角の箱おもちゃの作り方を紹介しました。
（四角も作り方はほぼ同じです）

ごはん台の作り方

でき上がりサイズ
13×33×高13.5cm

(材料) トレイ（13×33×1.5cm程度）、
トレイを支える台になるトレイ（高さ12cm程度）・
箱（それぞれ木、プラスチックなどお好みで）

写真 64p

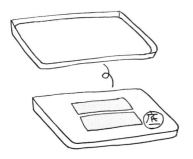

1 上になるトレイの裏に面ファスナーを付けます。

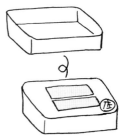

2 台になるトレイの裏にも面ファスナーを付けます。

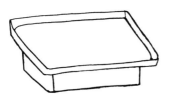

3 貼り合わせて完成です。
（素材によっては面ファスナーではなく接着剤でも。）
※木の場合はサンドペーパーをかけたり、ニスを塗って（よく乾かす）も良いでしょう。

トレーと台が木材同士なら木工用接着剤で貼りあわせる

サンドペーパーをかけてニスを塗るとお手入れしやすくなります

おやつボールの作り方

でき上がりサイズ
5×5〜8cm

材料 おもちゃの野菜や果物など
（プラスチックで中が空洞になっているもの）

写真 66p

入れてみて穴を調整

1 カッターで丸い穴をあけます。

2 ドライフードを何粒か入れ、転がしてみて、1粒ずつ出てくるように穴の大きさを調整します。

3 穴のささくれを爪やすりなどできれいに整えたら出来上がりです。

つめとぎAの作り方

でき上がりサイズ
22×48×高8cm

（ 材料 ） 爪とぎ、発泡スチロール（または箱）、布、
　　　　 ブックバンド（太めのゴム）

写真 68p

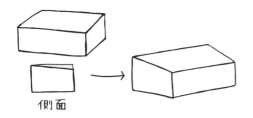

1 ななめになるように、発泡スチロールの上部を切ります。

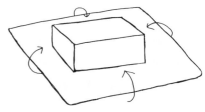

2 全体を包める大きさの布の上に置きます。

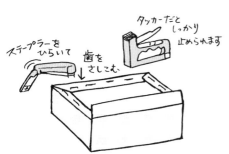

3 包んで底をタッカーなどで固定します。

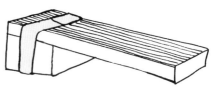

4 ブックバンドで爪とぎに固定したら完成です。

つめとぎBの作り方

でき上がりサイズ
50×14×14cm

（ 材料 ） 使い古しの爪とぎ（または箱などでも）、
キッチン用マット34×50cm、太めのゴム

写真 **68p**

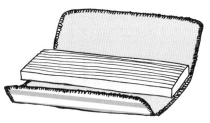

1 古くなったつめとぎに
キッチン用マットを
巻きます。

2 2カ所を太いゴムでとめ、
固定して完成です。

つめとぎCの作り方

でき上がりサイズ
44.5 × 32.5cm

(材料) 【じゅうたん】フレーム（44.5 × 32.5cm）、
じゅうたん風ジョイントマット（30 × 30cm）2枚
【麻】フレーム（44.5 × 32.5cm）、麻のはぎれ（42 × 30cm）

写真 **68p**

【じゅうたん】

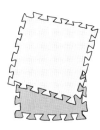

1 2色のじゅうたんを
フレームの大きさに
組み合わせます。

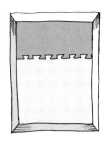

2 両面テープでしっかりと
台紙に貼り付け、
フレームに入れます。

【麻】

接着剤

1 麻のハギレを接着剤で
台紙に貼ります。

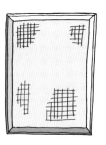

2 よく乾燥させてから、
フレームに入れて
完成です。

ねこバッグの作り方

できあがりサイズ
30 × 46cm

(材料) トートバッグ 30 × 46cm 程度、
洗濯用ネット 33 × 45cm 程度、
プラ板 (厚さ 1mm) 33 × 14cm

写真 **72p**

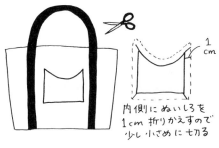

1 トートバッグに
好きな形の窓をあけます。

2 バッグを裏返し、
折返し部分の端に
ミシンをかけます。

3 大きさの合う
洗濯用ネットを入れ、
端を縫いとめます。

4 厚めのプラ板を切って
底に敷いたら完成です。

エリザベスカラーAの作り方

でき上がりサイズ
直径30cm
（ひらいたところ）

(材料)　フェルト（30×30cm）、布（30×30cm）、
　　　　　面ファスナー（アイロン接着用）1.5×7.5cm

写真 74p
型紙 127p

1 フェルトと布を1のサイズに裁ち、手芸用接着剤で張り合わせます。

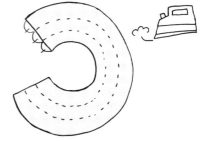

2 接着剤が乾いたらアイロンをかけ、点線部分を縫い合わせます。

3 着脱用に
シール付き面ファスナーを
付けて完成です。

エリザベスカラーBの作り方

> でき上がりサイズ
> 直径30cm
> （ひらいたところ）

（ 材料 ）　プラスチック板30×30cm、
　　　　　フェルト（シール付き）2色各4×10cm、
　　　　　面ファスナー（シール付き）1.5×7.5cm

写真 **74p**

型紙 **127p**

角を少し
丸めて
おく

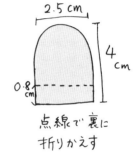

2.5cm
4cm
0.8cm

点線で裏に
折りかえす

1 プラ板を1のサイズに
　　切り抜きます。

2 首の当たる部分に
　　シール付きフェルトを
　　貼ります。

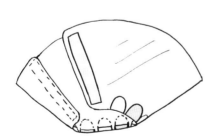

3 着脱用に
　　シール付き面ファスナーを
　　付けて完成です。

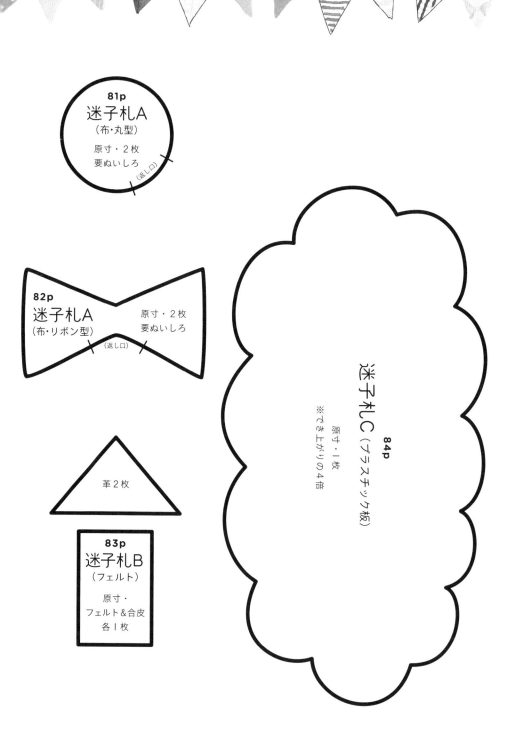

型紙の使い方

＊それぞれに記載してある拡大率に合わせてコピーして使ってください。
＊型紙にはぬいしろが付いていません。(要ぬいしろ)とあるものについては、
　1cm程度ぬいしろ分を大きめに裁断してください。

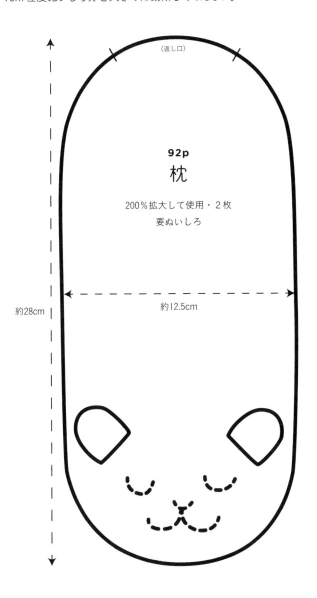

(返し口)

92p
枕
200％拡大して使用・2枚
要ぬいしろ

約28cm　約12.5cm

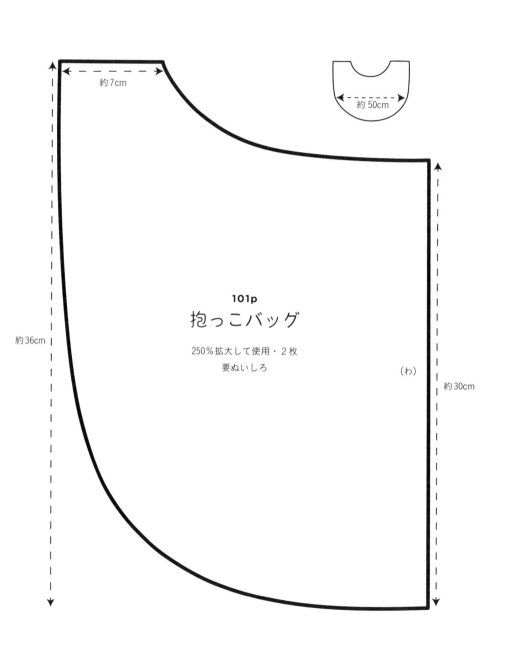

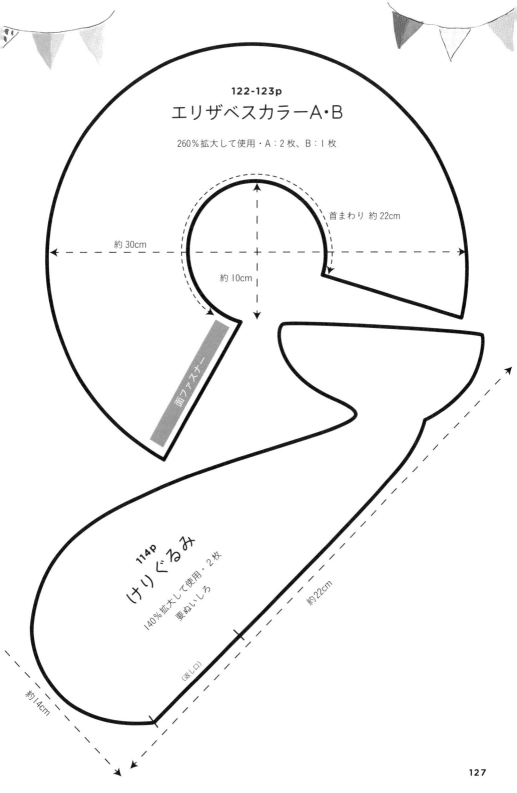

著者　西イズミ
手芸作家、豆本作家。猫をテーマにした豆本作りをはじめ、アイデア満載の猫グッズを多数製作している。一緒に暮らす2匹の猫が創作のもと。主な著書に『猫との暮らしを楽しむヒント225』『作ってあげたい猫の首輪』(河出書房新社)等。

写真　五十嵐健太
写真家。主な著書に『飛び猫』『フクとマリモ』『ねこ禅』(KADOKAWA)、『萌猫』(泰文堂)等。写真展や猫に関するイベント主催などでも活動中。

デザイン　千葉慈子(あんバターオフィス)
編集担当　佐藤葉子

猫がよろこぶ手作りグッズ

2016年10月21日　第1版第1刷発行

著者　西イズミ

発行者　玉越直人

発行所　WAVE出版
〒102-0074　東京都千代田区九段南 4-7-15
TEL 03-3261-3713
FAX 03-3261-3823
振替 00100-7-366376
E-mail: info@wave-publishers.co.jp
http://www.wave-publishers.co.jp

印刷・製本　シナノ パブリッシング プレス

©Izumi Nishi 2016 Printed in Japan
落丁・乱丁本は送料小社負担にてお取り替え致します。
本書の無断複写・複製・転載を禁じます。
NDC 645.7 127p 21cm
ISBN 978-4-86621-022-3